# Notice Historique

## sur mon cher élève,

# Hippolyte de la Choüe de la Mettrie,

décédé le 9 Janvier 1854, à l'âge de 26 ans 4 mois et demi.

*Consummatus in brevi, explevit tempora multa.*

Ayant peu vécu, il a rempli néanmoins la course d'une longue vie, et il a reçu la récompense d'une vertu consommée.

( *Sagesse chap. 4, vers. 13.* )

Ln²⁷ 10792

Hippolyte-Ange-Marie de la Choüe de la Mettrie, troisième enfant de M. Hippolyte-Ange-Joseph de la Choüe de la Mettrie & de M^lle Éléonore-Césarée-Armande de la Landelle, son épouse, naquit à la haute Mettrie, en Trégon, diocèse de St. Brieuc, le 24 Août 1827, à 4 heures du soir, et fut baptisé le lendemain par M. de la Ville-girouard, curé de Ploubalay, en l'absence de M. Saudrais, alors recteur de Trégon. Quelques mois plus tard, il reçut le supplément des cérémonies du baptême, et il eut pour parrain M. Ange du Boisbaudry, et pour marraine

M<sup>me</sup> de Locmaria, née du Boisbaudry, tous deux oncle
et tante propres de son père.

Ayant été nourri par sa mère, ainsi que ses frères et sa
sœur, il ne quitta point la maison paternelle après sa naissance,
et il y fut élevé avec soin par une bonne attentive, sous la
surveillance éclairée de ses religieux parents. On lui apprit,
dès l'âge le plus tendre, à connaître Dieu, à l'aimer et à
le prier. Dès l'âge le plus tendre aussi, l'on s'efforça de lui
inspirer, non seulement l'horreur du vice; mais encore l'amour
de la vertu: et comme ses pieux parents joignaient en tout
l'exemple au précepte, leurs leçons firent sur lui une profonde
impression qui ne s'est jamais effacée. Il allait bientôt avoir
5 ans et demi lorsque j'arrivai à la Haute-Mettrie, pour commencer l'éducation de son frère aîné: quant à lui, je n'en fus chargé
que plusieurs années après. Son premier maître fut M<sup>me</sup>
de la Mettrie, née du Boisbaudry, sa grand'mère, qui lui
montra à lire, et lui apprit son catéchisme. A l'âge de 10
ans et 9 mois, il fit sa première communion dans l'église de
Trégon, le 6 mai 1838, M. Rollier étant alors recteur de
cette paroisse, & l'année suivante, le 5 mai 1839, il fut confirmé
dans l'église de Ploubalay, par M<sup>gr</sup> Le Groing de la
Romagère, qui était alors évêque de S<sup>t</sup> Brieuc.

Ce fut vers ce temps là aussi, ou un peu auparavant, qu'il
commença le latin, et il continua de l'étudier, sous ma direction

jusqu'à l'âge de 17 ans. Alors, (en 8bre 1844,) il alla au collège de Brugelette, en Belgique, et il y passa trois ans, sous les Jésuites. Pendant ces trois ans, il eut toujours d'excellentes notes pour sa piété, sa bonne conduite et son application au travail; c'est pourquoi il faisait partie de la congrégation de la Ste Vierge ou des enfants de Marie. A la fin de sa dernière année, il fut du nombre des vingt élèves que deux jésuites, le P. Carayon & le P. Lauxace, conduisirent en Allemagne & dans le Nord de l'Italie. Ce voyage dura environ six semaines, pendant lesquelles il visita en détail, & avec fruit pour son instruction, beaucoup de villes remarquables, soit par leurs monuments, soit par les souvenirs qu'elles rappellent: entre autres, Aix-la-Chapelle, Cologne, Coblentz, Francfort, Trévis, Milan, Trente, Vérone, Parme, Modène, Venise, Florence, Pise et Gênes. Il prit un grand nombre de notes sur tous les lieux par où il passa, et sur tout ce qu'ils renferment de plus intéressant, afin de pouvoir faire ensuite une relation exacte et détaillée de son voyage. Malheureusement la mort est venue le frapper, avant qu'il eût mis ses notes en ordre et au net, de sorte que son travail est resté inachevé. Il était rendu à la page 478, mais on n'a pu encore trouver jusqu'ici le commencement jusqu'à la page 326.

De retour à la maison paternelle, il s'y occupa de travaux d'embellissement, pour lesquels il avait beaucoup d'aptitude

& de goût. Ainsi, par exemple, il traça dans le jardin plusieurs allées tournantes, à la manière anglaise ; il planta plusieurs groupes d'arbres ou d'arbustes ; il arrangea des corbeilles, pour recevoir des massifs de fleurs, & fit lui-même une urne en bois, ainsi qu'un vase également en bois, qui sont placés sur des piédestaux ; la première, au milieu de la Cour d'honneur ; et l'autre, au milieu de l'avenue, en face du château. La barrière en losanges, qui est au bout de la cour principale et sur le bord de la douve, l'imposte ogivale en verres de couleurs, qui est au-dessus de la porte d'entrée, l'ornementation qui couvre la porte elle-même, la rosace, également en verres de couleurs qui est au-dessus de la porte du perron nord, la grille en fer qui sépare les deux cours, sont encore son ouvrage ; en grande partie même l'ouvrage de ses propres mains, et conserveront longtemps son souvenir à Langevinière.

Ayant pour la sculpture & le dessin un talent naturel extrêmement remarquable, il sculpta pour sa sœur, M<sup>me</sup> de la Tousche Limousinière, un très-joli guéridon à ouvrage qui fut admis à l'exposition de Laval, & remarqué non moins pour son travail que pour son originalité. Il avait aussi commencé un prie-Dieu également sculpté, en bois des îles, mais la mort ne lui a pas permis d'achever son travail & l'on n'a trouvé que sept planches qui fussent terminées. Ce prie-Dieu était encore destiné à sa sœur, Mme de la Touche Limousinière, dont les goûts & les idées artistiques s'accordaient parfaitement avec les siens.

Au mois d'Août 1850, il fit le voyage de Cherbourg avec ses deux frères, et il assista aux fêtes brillantes que l'on y donna pendant trois jours, et sur terre, et sur mer, en l'honneur du Président de la République. L'année suivante, au mois d'Août encore, il fit le voyage de Paris, également avec ses deux frères: de là, ils se rendirent par le chemin de fer à Boulogne, puis à Londres, où ils virent la fameuse exposition universelle. Depuis leur retour il n'y a rien qui doive être l'objet de remarques particulières dans la vie de mon cher Hippolyte.

Il avait des moyens, de l'instruction, un physique agréable, des manières gracieuses & aisées, de la prévenance et de la politesse; en un mot, tout ce qu'il faut pour plaire dans le monde, où l'on s'occupe avant tout, pour ne pas dire exclusivement, de l'extérieur & des apparences. Il était en outre amateur de peinture, d'archéologie, de sculpture, de musique, d'architecture, et, en général de tous les beaux-arts, dont les chefs-d'œuvre avaient excité son admiration, et formé son goût pendant son voyage d'Italie. Doué avec cela d'un esprit observateur, il avait tout examiné en peu de temps, il s'était rendu compte de tout et il intéressait en racontant ses impressions de voyage. Enfin, il avait du tact, du discernement, de la réflexion, des idées arrêtées sur tout, quelquefois même un peu trop, une grande énergie et une grande fermeté de caractère ; aussi, je ne doute pas que, plus tard, il n'eût été fort capable, une fois que, les illusions de la jeunesse étant dissipées, l'âge aurait eu mûri ses idées ainsi que son jugement.

Il aimait beaucoup la chasse : beaucoup trop, pour son malheur ; car c'est elle qui a causé sa mort. En effet, le mercredi 28. Xbre, étant allé avec son frère aîné chez M***, près Pontorson ; lorsqu'ils chassaient ensemble des canards, sur le bord du Couesnon, accompagnés de M. de Moidrey, vers deux heures de l'après-midi, par un temps extrêmement froid, le fusil de M*** étant parti à l'improviste, on ne sait comment, le coup vint frapper Hippolyte presqu'à bout portant, au haut de la cuisse gauche, et lui fit une blessure horrible. Sa main gauche, qu'il avait dans la poche de son paletot et appuyée sur la cuisse, fut également atteinte : la première phalange du quatrième doigt fut coupée, et celle du doigt majeur fort endommagée.

Après avoir étanché le sang du mieux qu'on pût, avec des mouchoirs, on l'emporta sur un brancard, au château de Moidrey, où deux médecins de Pontorson, MM. Lefranc et Trincaut, vinrent aussitôt lui donner les premiers soins. Le cas leur parut fort grave, tout d'abord, et avec raison.

Pendant ce temps-là, son frère étant parti en poste pour Rennes, en ramena le lendemain matin deux médecins M.M. Pinault & DelaCour, avec Mr. de la Touesche son beau-frère; Mme de la Touesche elle-même arriva, par la diligence, quelques heures plus tard. Mr. Thébaut qu'on avait également fait venir d'Avranches, et les deux médecins de Pontorson se joignirent à M.M. Pinault & DelaCour. Les cinq médecins réunis ayant levé le premier appareil, trouvèrent la plaie effrayante, et furent étonnés que l'artère n'eût pas été rompue, ce qui aurait occasionné une mort presque instantanée. On lui fit une longue et profonde incision, en dehors de la cuisse, afin de donner issue aux grains de plomb, qui étaient restés dans la plaie, et de faciliter l'évacuation du pus. La plaie fut pansée régulièrement, soir et matin, par les deux médecins de Pontorson, qui en retirèrent à différentes fois 25 grains de plomb, une bourre entière, des morceaux de drap, et l'ongle du doigt coupé.

Un exprès ayant été envoyé par Mr. de Moidrey, aussitôt après l'accident, pour en informer sa famille, son père se rendit sur le champ auprès de lui; et, dès ce moment, il ne le quitta plus. Quant à sa mère, elle ne put y aller, à cause

du mauvais temps et des mauvais chemins. D'ailleurs, on craignait pour le blessé une émotion trop vive, qui aurait pu occasi-
onner l'épouvantable accident qu'on redoutait par-dessus tout,
avec raison. De son côté, Hippolyte lui-même, demandait que
sa mère attendît une belle journée, pour venir le voir. Pauvre jeune
homme ! il se flattait, comme tout le monde, que sa vie ne courait
plus aucun danger réel, et que sa convalescence ne tarderait pas
à commencer. En effet, jusqu'au vendredi 6 janvier, il alla ?
chaque jour, de mieux en mieux, suivant les médecins eux-mêmes,
qui étaient étonnés du progrès apparent de la guérison. Il fut
visité le mercredi 4 janvier, par sa sœur et son oncle, M.
Casimir de la Mettrie, lesquels s'en revinrent complètement
rassurés, et tout joyeux de l'avoir trouvé en si bon état. Ses deux
frères y allaient alternativement tous les jours, pour le soigner,
& en rapportaient chaque fois de meilleures nouvelles. M. Thébaut
lui-même qui vint le voir, le vendredi midi, le trouva si bien,
que, d'accord avec les deux médecins de Pontorson, il lui permit de
manger, et promit que, dans un mois, il serait debout. Mais hélas ! ce
jour-là même, vers 9 heures du soir, on vit des symptômes certains de
tétanos. On envoya un exprès, en posté, à M. de la Tousche, qui
revint de suite avec M. Pinault. Celui-ci donna au blessé tous les soins
que demandait son état, mais inutilement : le mal faisant toujours
des progrès, il ne fut plus possible de conserver aucun espoir.

Hippolyte se confessa donc, le samedi l'après-midi, à M.„

le Recteur de Sains qu'on avait fait venir dans cette intention, et vers trois heures, il reçut de sa main le S. Viatique, en présence et avec l'autorisation de Mr. le curé de Moidrey. Celui-ci, voyant le danger augmenter sans cesse, lui administra le Sacrement de l'Extrême-onction, le lendemain après les vêpres, & lui appliqua l'indulgence de la bonne mort, qu'il reçut avec de grands sentiments de foi et une entière présence d'esprit. Enfin, le lundi matin, vers 4 heures, il rendit son âme à Dieu. Après la messe d'enterrement, célébrée à Moidrey, son corps fut apporté le mardi à Sains, & il repose dans le cimetière de cette paroisse, derrière le chœur, à côté de sa grand'mère, Mme de la Mettrie, décédée le J. 8bre 1842, à l'âge de 82 ans.

On lui a érigé un tombeau simple & modeste, en granit, sur lequel on a gravé seulement ses noms et prénoms, son âge et la date de sa mort.

Une chose qui a bien frappé depuis, et à laquelle on ne fit pas attention dans le moment, c'est la réunion de plusieurs circonstances que Dieu lui avait ménagées, sans doute, pour le préserver du malheur qui l'attendait ce jour-là. D'abord sa mère, ayant reçu la lettre d'invitation de Mr*** en l'absence de ses fils, eut bien des fois la pensée de la leur cacher & de n'en point parler. 2°. la veille, au soir, et le lendemain matin encore, son père l'engagea fortement à ne point aller, en lui donnant pour raison, qu'il était très enrhumé. 3°. Hippolyte lui-même n'allait qu'avec répugnance, et, pour ainsi dire, malgré lui. Plusieurs fois, avant de partir, il sortit pour examiner le temps, et dit qu'il aurait voulu voir tomber une forte neige, pour avoir un prétexte de rester, et, comme en le voyant témoigner une si grande répugnance, une espèce d'inquiétude même, on lui demanda ce qu'il craignait donc tant, sa réponse fut celle-ci : Est-ce que tu ne sais pas qu'il ne faut qu'un coup pour attraper la mort ? ou bien, qu'on peut en un jour gagner la mort ? Il partit cependant, mais avec l'intention de ne pas chasser, et de rester à fumer sa pipe, au coin du feu. Bien plus, étant déjà à un kilomètre de Langevinière, il voulut s'en revenir. Hélas, que ne l'a-t-il fait ! il se porterait bien maintenant, & nous n'aurions pas eu la douleur de le perdre d'une manière si affreuse. Mais Dieu ne l'a pas permis : adorons ses desseins et soumettons-nous à sa sainte volonté.

Hippolyte était âgé de 26 ans 4 mois et demi. C'était un jeune homme vertueux et vraiment recommandable. Il avait des défauts, sans doute, par la raison que tous les hommes en ont, quelque saints & quelque parfaits qu'ils soient ; mais on ne pouvait lui reprocher aucun vice, et ses bonnes qualités l'emportaient de beaucoup sur ses défauts. Il était sincèrement religieux et plein de foi, aussi le voyait-on remplir exactement ses devoirs de chrétien & les remplir ouvertement, sous les yeux de tout le monde. Jamais par exemple, il ne manquait à dire

ses prières, soir et matin, lors-même qu'il était le plus fatigué
ou le plus pressé de partir. Il assistait aussi d'une manière
vraiment édifiante à la S.te Messe, tous les jours d'obligation,
et plus ou moins souvent pendant la semaine. Il observait
la loi de l'abstinence, même en voyage et à table d'hôte; se
mettant ainsi courageusement au-dessus du qu'en-dira-t-on,
comme c'était, du reste, son devoir. Il jeûnait aussi, même en
chassant, ou en travaillant; et, lorsque des personnes, étran-
gères à sa famille, lui disaient qu'à sa place, elles n'auraient
pas jeûné: Si je chasse, ou si je travaille durement, leur
disait-il avec raison, c'est pour mon plaisir, et parceque
je le veux bien; mais cela ne me dispense nullement du jeûne.
Il communiait, non seulement à Pâques, mais encore aux
principales fêtes de l'année, savoir: aux quarante heures
(le dimanche après l'Ascension) à la mi-août, à la Toussaint
et à Noël, aussi, l'avait-il fait trois jours avant son épouvantable accident. Il était irréprochable en fait de mœurs et d'une
retenue exemplaire, soit dans ses actions, soit dans ses paroles: bien plus; quand on tenait en sa présence des discours trop
libres, il fronçait le sourcil pour marquer son mécontentement;
puis il gardait le silence; ou bien se retirait. Il était sobre et
jamais on ne l'a vu tant soit peu dérangé par la boisson. Il
avait un cœur compatissant pour les pauvres, auxquels il
faisait toujours donner l'aumône en l'absence de ses parents.

souvent même il la leur donnait sur ses économies, leur distribuait tous ses vieux habits, & ne paraissait pas moins satisfait de leur avoir donné, qu'ils ne l'étaient eux-mêmes, après avoir reçu quelque chose de sa main. Il n'était ni violent, ni colère, & ne proférait non plus ni juremens ni blasphèmes. Vers l'âge de quinze ans, il s'opéra dans son moral un grand changement, dont s'aperçurent plusieurs personnes qui avaient journellement de fréquents rapports avec lui. il devint scrupuleux, par la crainte qu'il avait du péché; mais cet état ne dura pas, et il fut entièrement guéri de sa maladie, pendant son séjour à Brugelette. Cependant, il conserva toujours une grande délicatesse de conscience; j'en ai eu il n'y a pas encore longtemps une preuve toute personnelle. Ayant un caractère extrêmement actif, il aimait l'occupation, et restait rarement à rien faire. En un mot, c'était un jeune homme sincèrement religieux et vraiment recommandable.

Mais c'est pendant les douze derniers jours de sa vie surtout, que l'on a été plus à lieu de connaître ses vertus & ses bonnes qualités. En effet, après avoir été blessé, il conserva tout son sang-froid, au milieu de ses compagnons éperdus, et montra un courage dont furent étonnées les personnes qui vinrent à son secours. Engagé par moi, dès le soir même, à offrir ses souffrances au bon Dieu, pour les rendre méritoires à ses yeux: Je l'ai déjà fait plusieurs fois, me répondit-il aussitôt. Depuis son

accident, jusqu'à son dernier soupir, il souffrit avec patience
& résignation: au lieu de se plaindre & de murmurer, il disait
souvent qu'il devait bien des actions de grâces à Dieu, pour
n'avoir pas été tué sur le coup, par ce qu'il n'en échap-
perait pas deux autres sur cinq cents. Il reçut & prit sur lui
avec empressement la médaille de N. D. de la Salette, il
buvait en outre, chaque matin, une cuillerée de l'eau de la
Salette, et disait en même temps un Ave Maria, pour se
recommander à la Ste Vierge. Il ne témoigna aucun ressenti-
ment à l'auteur de sa blessure: bien loin de là, il l'embrassa
cordialement dès qu'il le revit, le traita en ami, comme auparavant, et le remercia beaucoup de ses soins. Il n'a rien
dit qui annonçât le regret de quitter la vie, et, lorsque ses
souffrances nerveuses étaient les plus vives, atroces même, il ne
témoignait pas d'impatience: le même calme semblait exister
dans son âme. Il redoutait l'arrivée de sa mère, à cause de la
douleur qu'elle n'aurait pas manqué d'éprouver & de témoigner, en voyant son état: aussi, lui faisait-il dire sans cesse,
d'attendre encore pour venir le voir. Il recommanda bien
surtout, qu'on ne lui dit pas qu'il avait été communié en viatique,
et cela, pour ne pas l'inquiéter. Il montra un véritable empressement pour se confesser; et, après l'avoir fait, (ce qui prouve bien
quelles étaient sa foi, sa candeur, & sa délicatesse de conscience)
il dit à son confesseur, mais hors la confession: Mr le Recteur,

si je viens à mourir, croyez-vous que je sois en état de grâce & bien disposé à paraître devant Dieu ? Aussitôt qu'on lui eût parlé de la S.te Communion, il exprima le désir de la recevoir, et il la reçut avec beaucoup de recueillement et de piété. Il fit la même chose pour l'extrême-onction, qu'il reçut également avec de grands sentiments de foi & de piété, sans témoigner non plus ni crainte ni faiblesse. M.r le curé de Moidrey l'ayant interrogé, avant de lui administrer ce sacrement, pour savoir s'il n'avait rien qui gênât sa conscience : Non, répondit-il, ajoutant aussitôt : Mon âme est entre les mains du Seigneur. Exhorté, un peu plus tard, à se soumettre en tout à la volonté de Dieu, et à lui faire même le sacrifice de sa vie, si Dieu l'exigeait : Mon sacrifice est fait tout entier, telle fut sa réponse.

Le voyant en danger, son père lui avait dit, quelque temps auparavant : Tu aimes bien Dieu, n'est-ce pas, mon enfant ? oui, lui répondit-il. Eh bien ! donne lui ton cœur : oh ! oui, ajouta-t-il aussitôt. Une autre fois ( le samedi l'après-midi ), son père lui parlait encore de Dieu, mais voyant que ce bon père était attendri, et pour l'épargner, sans doute, il lui dit : Tiens, papa, ne me parle plus : tu sais que M.r le Recteur est venu et m'a tout dit. Enfin bien peu d'heures avant sa mort, son père, qui ne le quittait pas, le vit étendre ses deux bras, puis les mettre en croix, lever les yeux au ciel, et dire d'un ton pénétré qui ne s'effacera jamais dans le cœur de ce père sensible et si profondément affligé : Mon Dieu !

donnez-moi un peu d'aide. On l'entendait souvent prier : tantôt il répétait des prières qu'on lui avait suggérées ; tantôt il en faisait de lui-même, et qu'il puisait dans sa mémoire. Ces prières étaient le plus souvent des strophes de l'*ave Maris stella*, ou des paroles tirées, soit du *Salve Regina*, soit de quelqu'autre prière, en l'honneur de la S<sup>te</sup> Vierge. D'autres fois, c'étaient des invocations particulières à Jésus & à Marie, dont les noms sont les dernières paroles qu'on l'ait entendu prononcer distinctement, avant de rendre le dernier soupir.

M<sup>r</sup> le Curé de Moidrey, qui l'assista dans ses derniers moments, fut extrêmement frappé de la vivacité de sa foi, et en rendit hautement témoignage, le lendemain de sa mort. Il a déclaré, en outre, plusieurs fois, qu'il n'avait jamais vu de mort si consolante, ni si touchante.

Bon Hippolyte, que je regardais et que j'aimais comme mon propre fils, votre souvenir ne sortira jamais de ma mémoire, ni de mon cœur, tant que je vivrai. Votre mort m'a fait aussi répandre bien des larmes, et, en écrivant ces lignes, j'éprouve que la source n'en est pas encore tarie. . . . . . . cependant, comme chrétien, comme prêtre surtout, je ne puis pas plaindre votre sort, ni être le moindrement inquiet, par rapport à votre salut ; car, j'ai la ferme conviction que Dieu vous a fait miséricorde, et que, si vous n'êtes pas encore dans le ciel, vous êtes du moins assuré d'y parvenir un jour. Dieu vous a retiré de ce monde, je n'en doute pas non plus, pour vous préserver des dangers que vous y auriez courus plus tard, et dans lesquels vous auriez peut être péri, comme tant d'autres : Il a aussi voulu instruire tous ceux qui vous connaissaient, en leur apprenant, par votre exemple, qu'il ne faut compter pour rien le monde qui passe, et s'attacher uniquement à Lui qui demeure éternellement. Puissent-ils profiter de la leçon que vous leur donnez, hélas ! si hautement, et, comme vous, couronner une vie vraiment chrétienne, par la mort la plus édifiante ! Beati mortui qui in domino moriuntur. Amodo jam, dicit spiritus, ut requiescant a laboribus suis : opera enim illorum sequuntur illos. Heureux sont les morts qui meurent dans le Seigneur. Dès maintenant, dit l'Esprit, je les assure qu'ils se reposeront de leurs travaux : car leurs œuvres les suivent, et le Seigneur leur tiendra compte de tout ce qu'ils auront fait ou souffert pour l'amour de lui. (Apocalypse ch. 14 vers. 13.)

au château de Langevinière, 12 mars 1854.

P. Rimasson, Prêtre.